So wird es gemacht:

Öffne das mini LÜK®-Kontrollgerät und lege die Plättchen in den unbedruckten Deckel!
Jetzt kannst du auf den Plättchen und auf dem Geräteboden die Zahlen [1] bis [12] sehen.

Beispiel: Seite 2
Kannst du diese Bilder auf der nächsten Seite wiederfinden?
Nimm das Plättchen [1], sieh dir das Bild Nr. 1 an, und suche das Bild auf Seite 3!
Es ist das Bild mit der 6.
Lege das Plättchen [1] auf die Zahl 6 des Gerätebodens!

1	2	3	4	5	6
7	8	9	10	11	12

So musst du weiterarbeiten, bis alle Plättchen im Geräteboden liegen.

Schließe dann das Gerät und drehe es um! Öffne es von der Rückseite! Wenn du das bei der Übungsreihe abgebildete Muster siehst, hast du alle Aufgaben richtig gelöst. Passen einige Plättchen nicht in das Muster, dann hast du dort Fehler gemacht. Wende diese Plättchen dort, wo sie liegen, um, schließe das Gerät, drehe es um und öffne es wieder! Jetzt kannst du sehen, welche Aufgaben du falsch gelöst hast. Nimm diese Plättchen heraus und suche die richtigen Ergebnisse! Kontrolliere dann noch einmal! Stimmt jetzt das Muster?

Und nun viel Spaß!

Kannst du diese Bilder auf der nächsten Seite wiederfinden?

1
5
9
2
6
10
3
7
11
4
8
12

Auch diese Bilder findest du auf der nächsten Seite wieder

1

2

3

4

5

6

7

8

9

10

11

12

Es wird immer schwieriger!

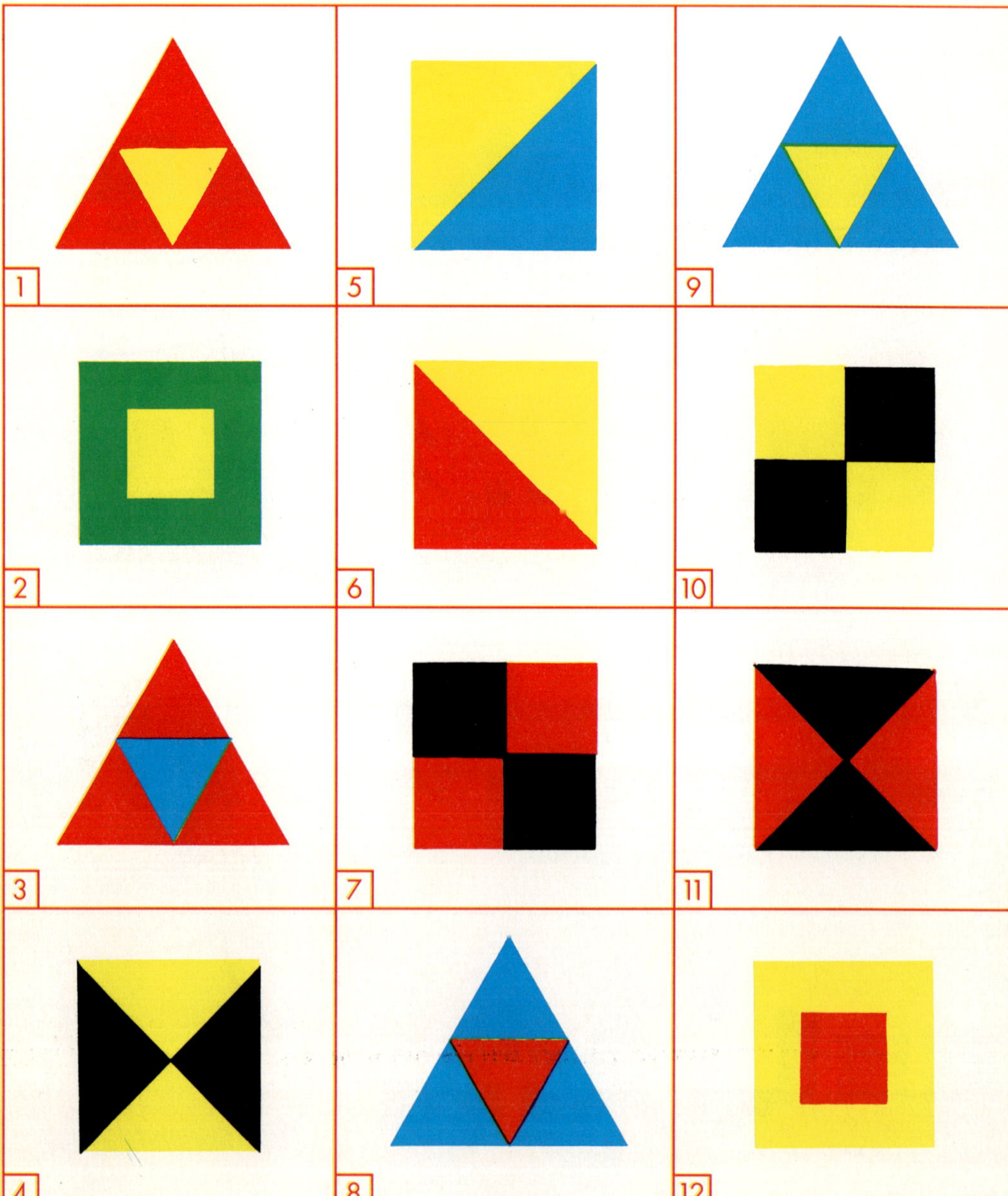

1
5
9
2
6
10
3
7
11
4
8
12

Welche Figuren passen in die weißen Felder?

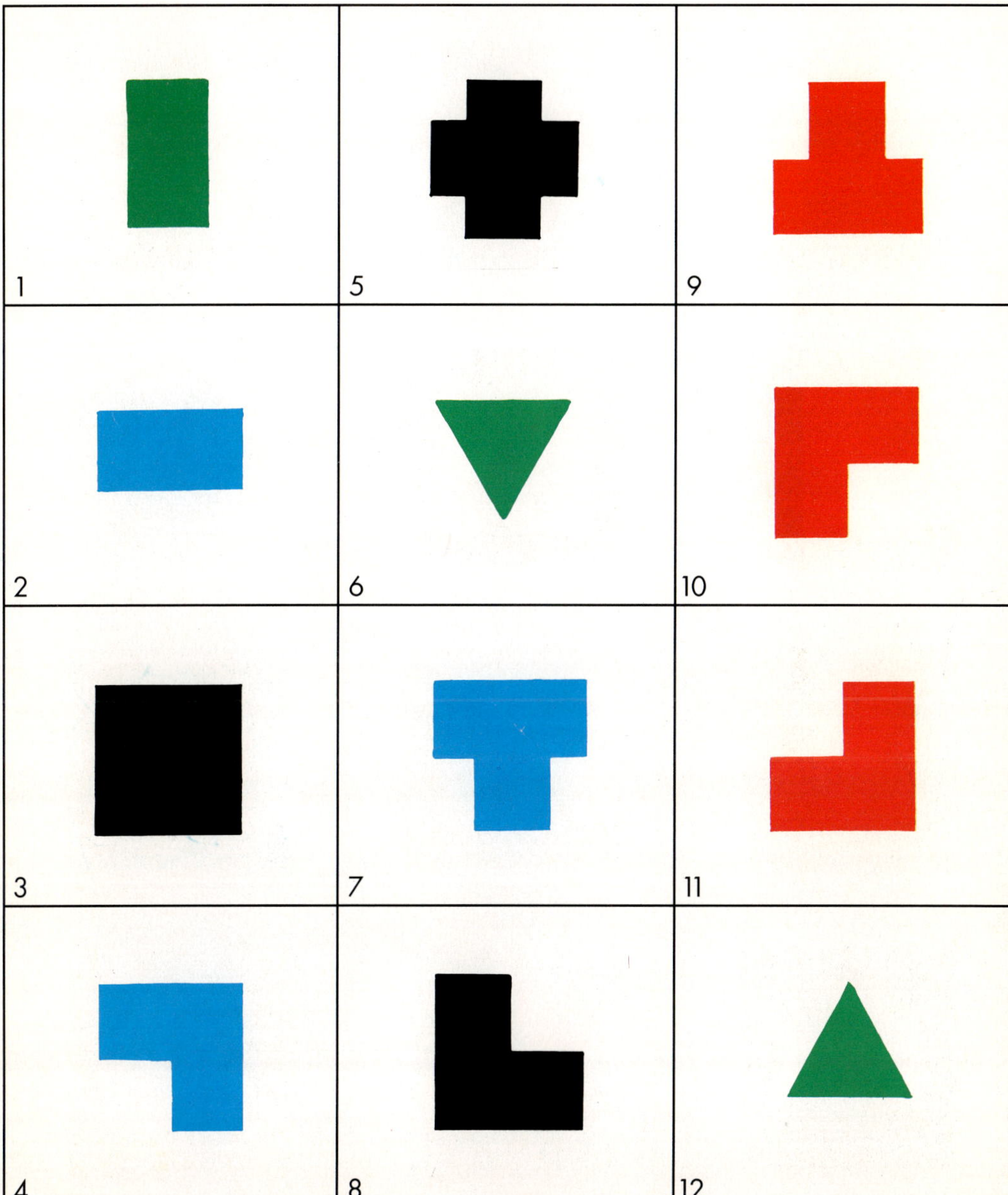
1
5
9
2
6
10
3
7
11
4
8
12

Die andere Hälfte ist auf der nächsten Seite

1
5
9
2
6
10
3
7
11
4
8
12

Zerschnittene Figuren
Wie haben die Figuren vor dem Zerschneiden ausgesehen?
Auf der nächsten Seite findest du sie!

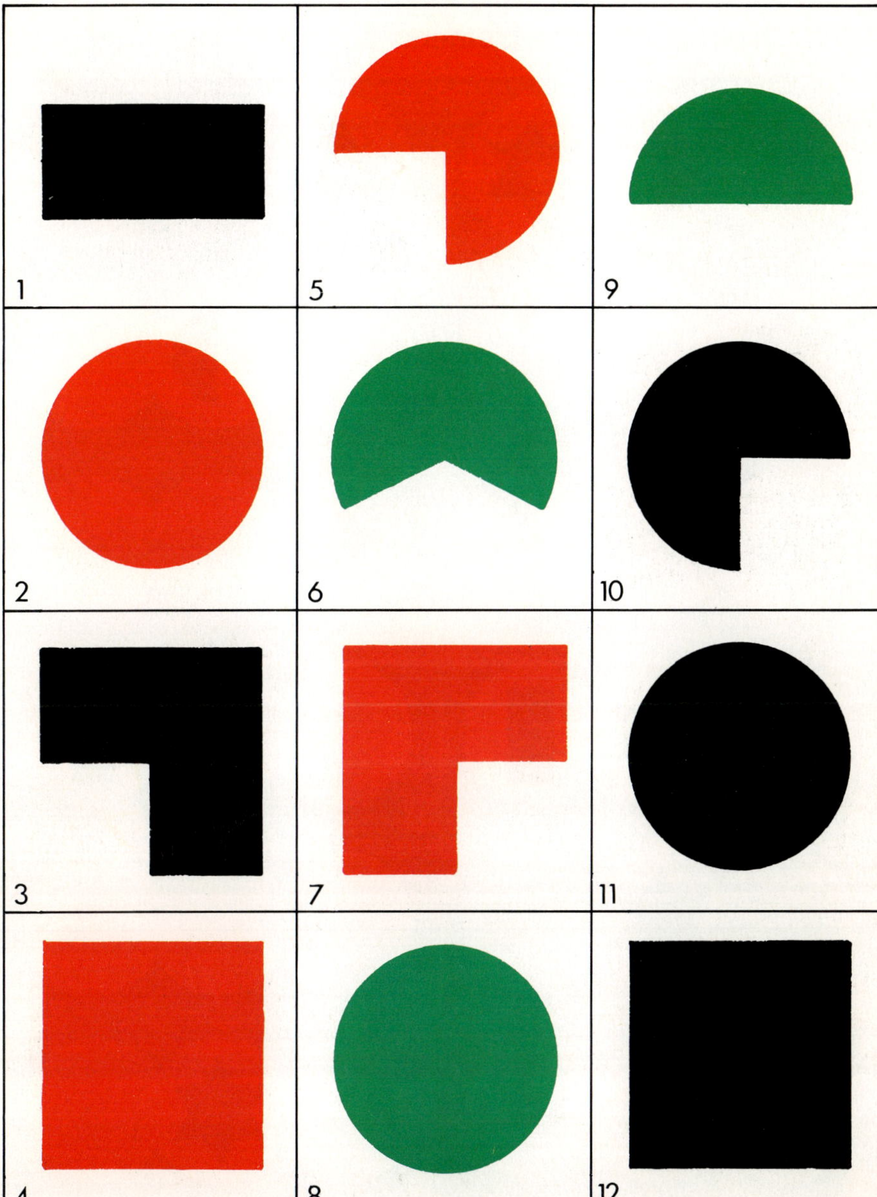
1
5
9
2
6
10
3
7
11
4
8
12

Dieses ist die richtige Reihenfolge!

Suche die fehlenden Elemente auf der nächsten Seite!

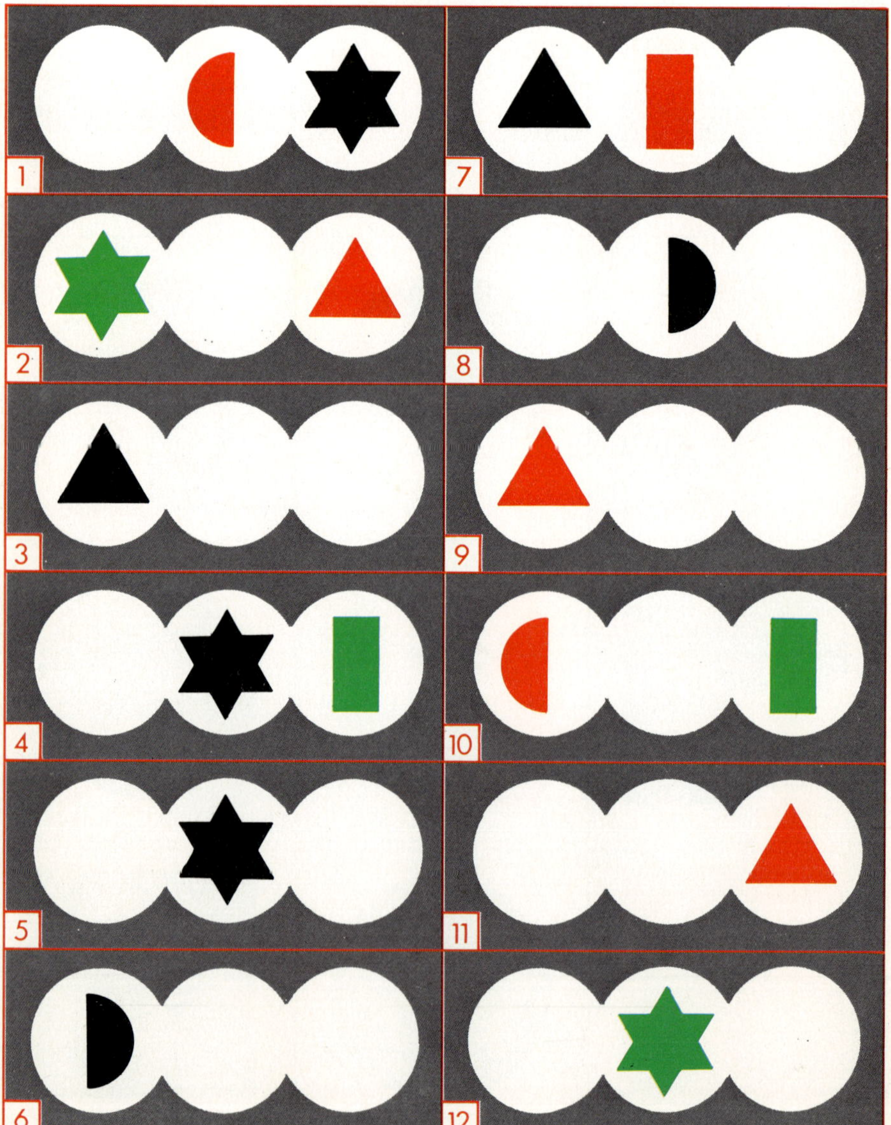

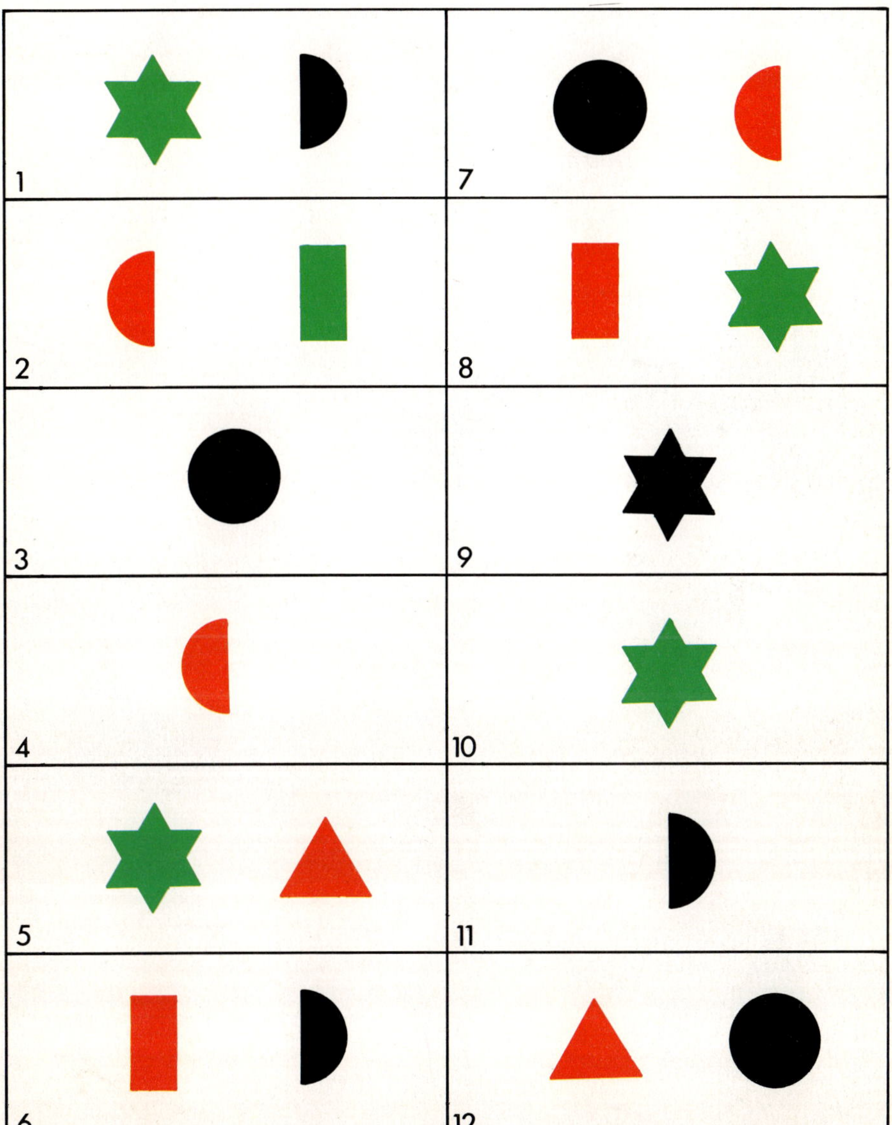
1
2
3
4
5
6
7
8
9
10
11
12

Fehlende Dächer
Du findest die Dächer auf der nächsten Seite.

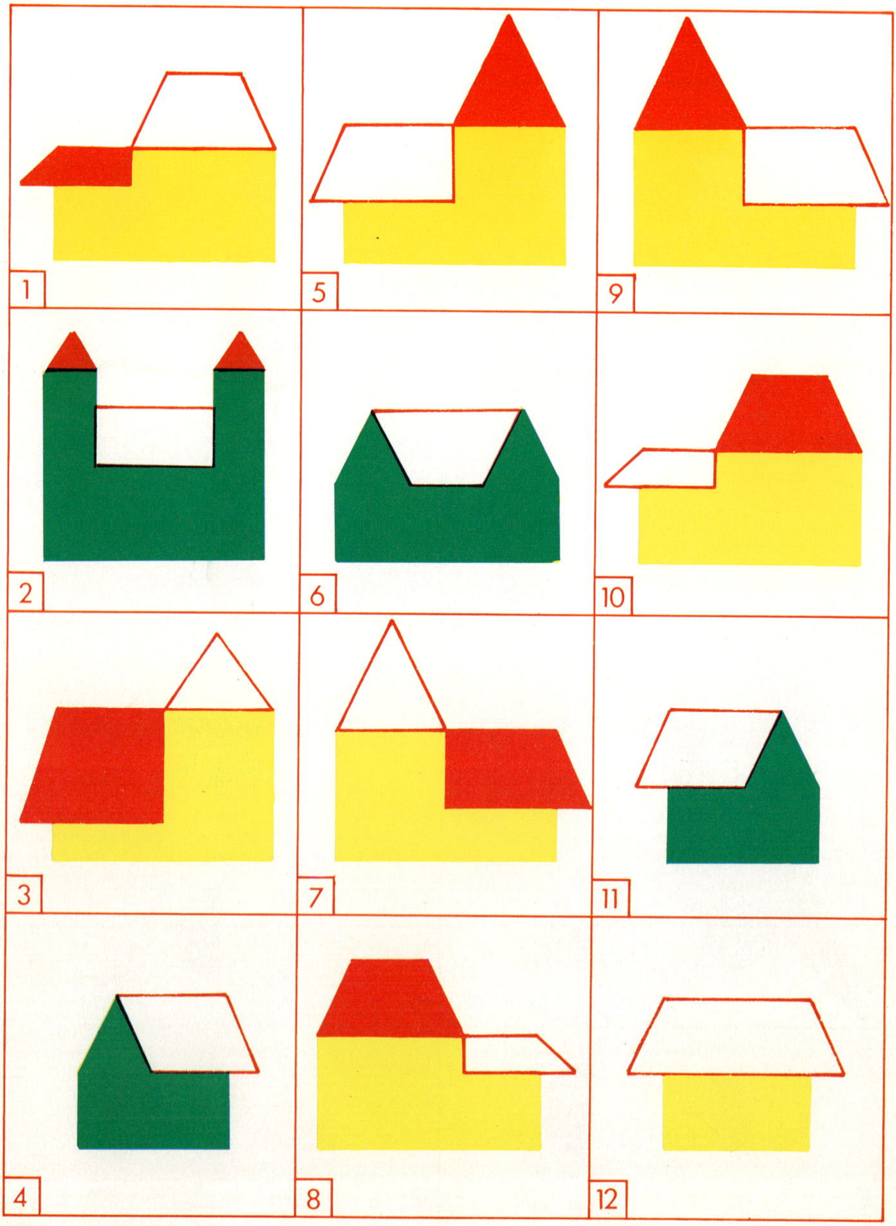

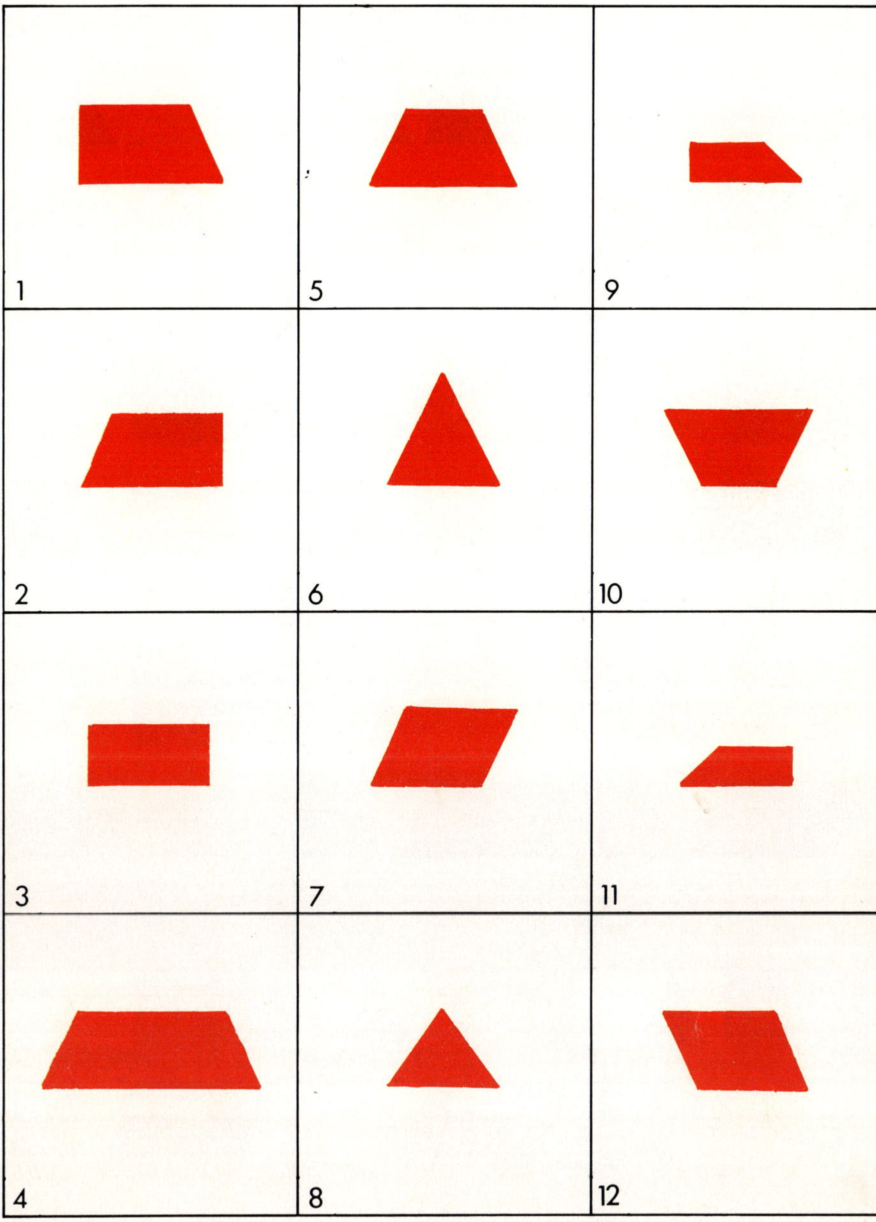
1
5
9
2
6
10
3
7
11
4
8
12

Zerschnittene Häuser
Kannst du sie wieder zusammensetzen?
Auf der nächsten Seite sind die fertigen Häuser.

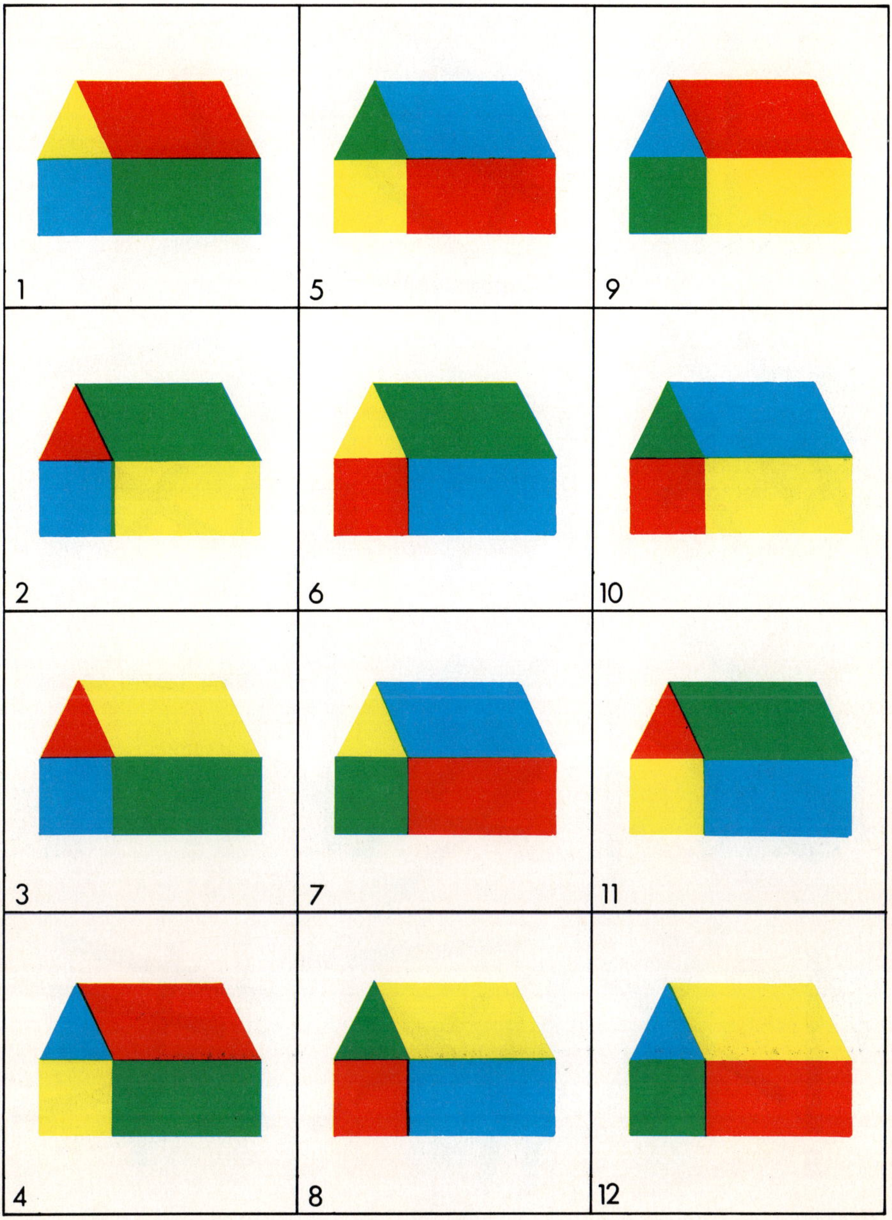
1
5
9
2
6
10
3
7
11
4
8
12

Farbige Stäbchen

Diese Stäbchen sind durcheinandergeraten.
Auf der nächsten Seite findest du sie geordnet wieder.

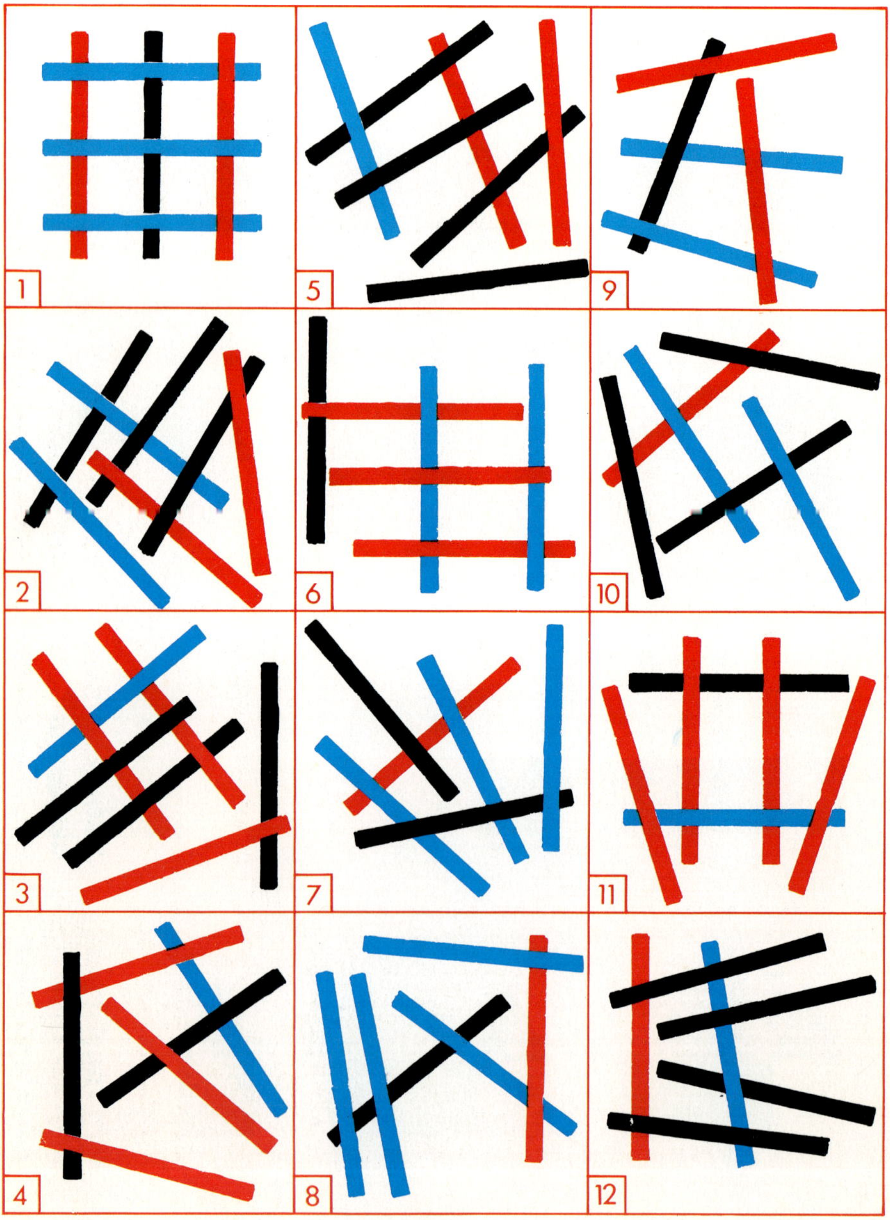

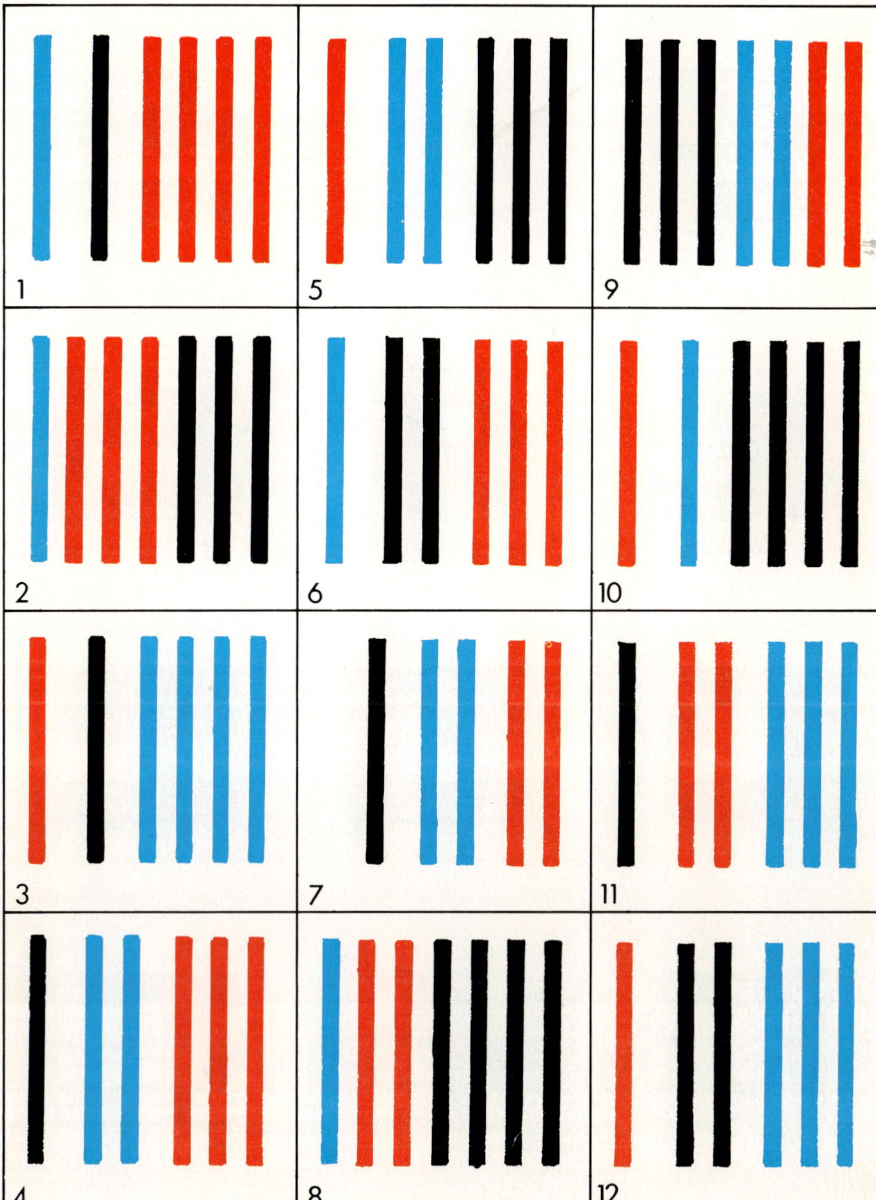
1
5
9
2
6
10
3
7
11
4
8
12

Ein hübsches Muster
Leider ist es auf keinem Bild fertig geworden.
Suche die fehlenden Teile auf der nächsten Seite!

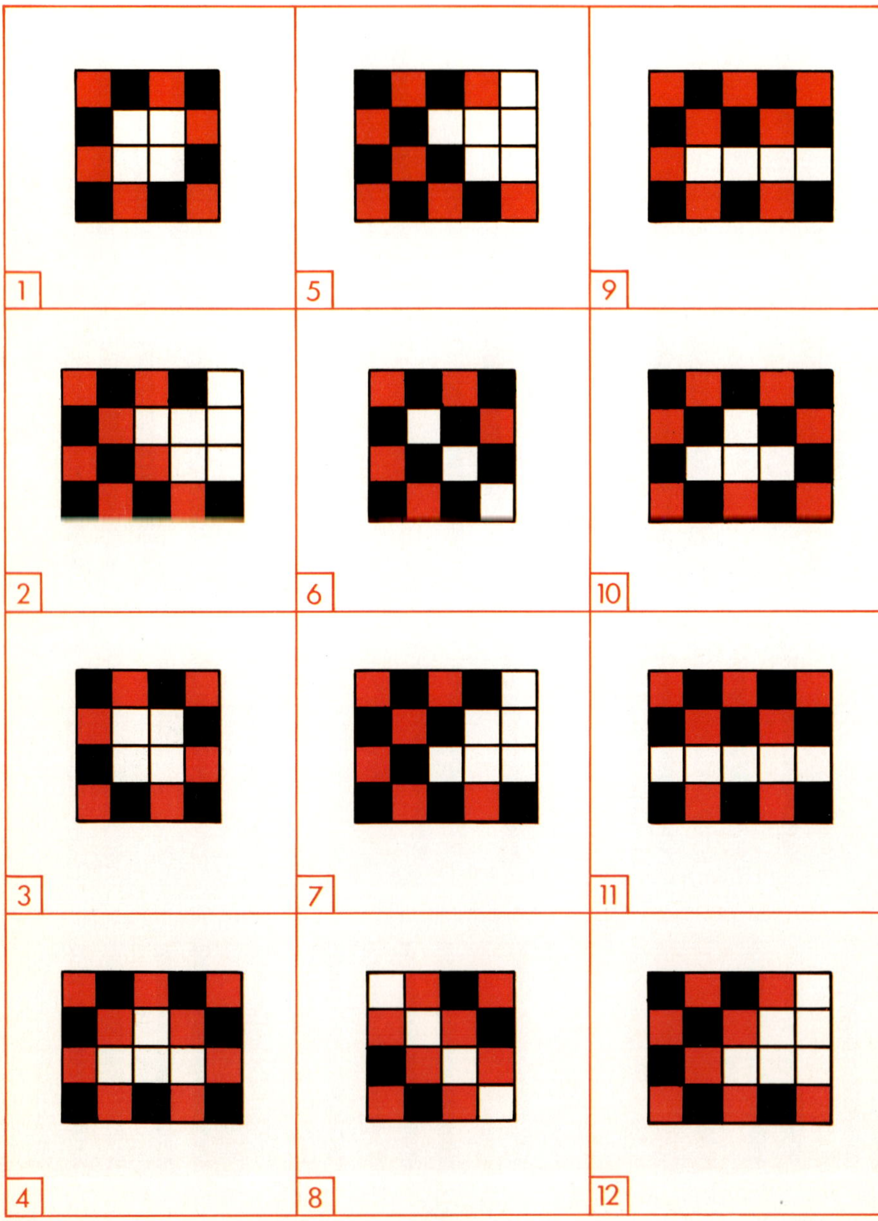

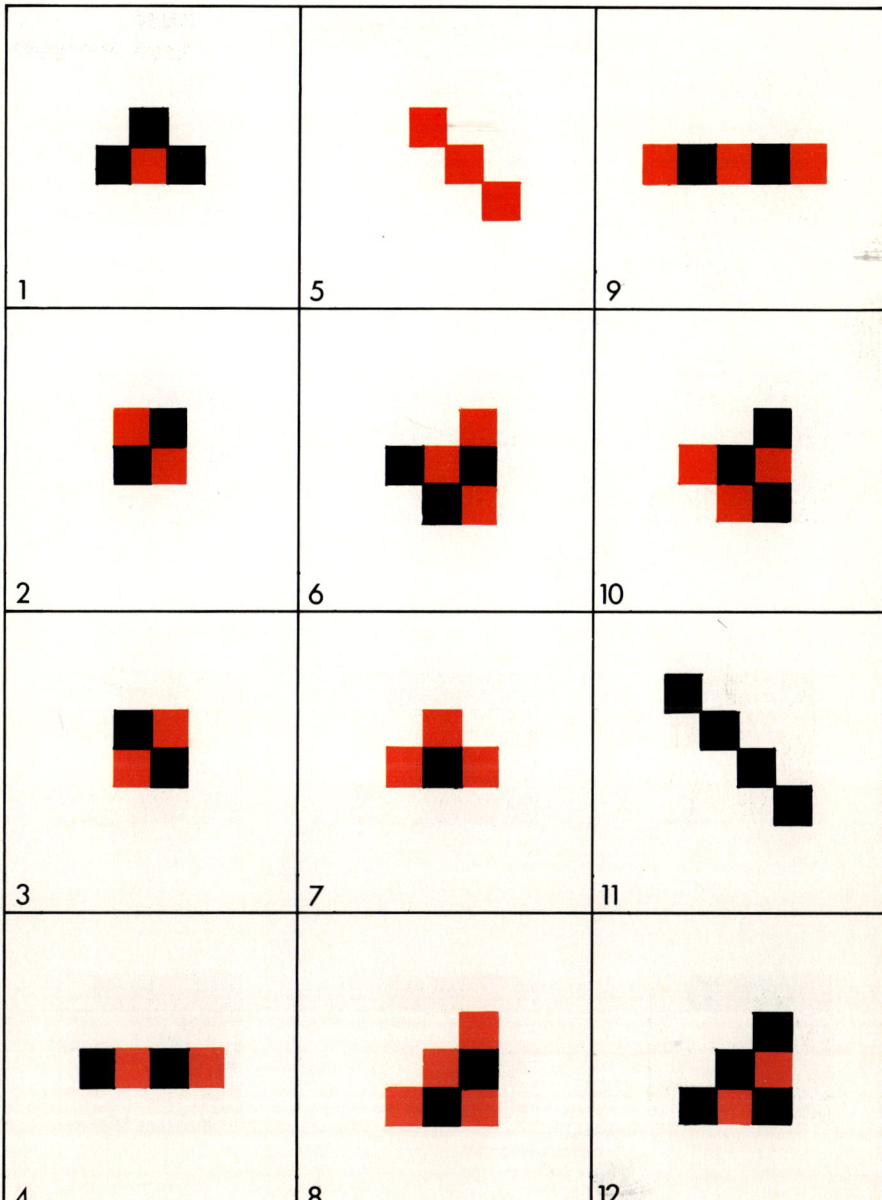
1
5
9
2
6
10
3
7
11
4
8
12

Unregelmäßige Anschlüsse
Suche die passenden Anschlussstücke
auf der nächsten Seite!

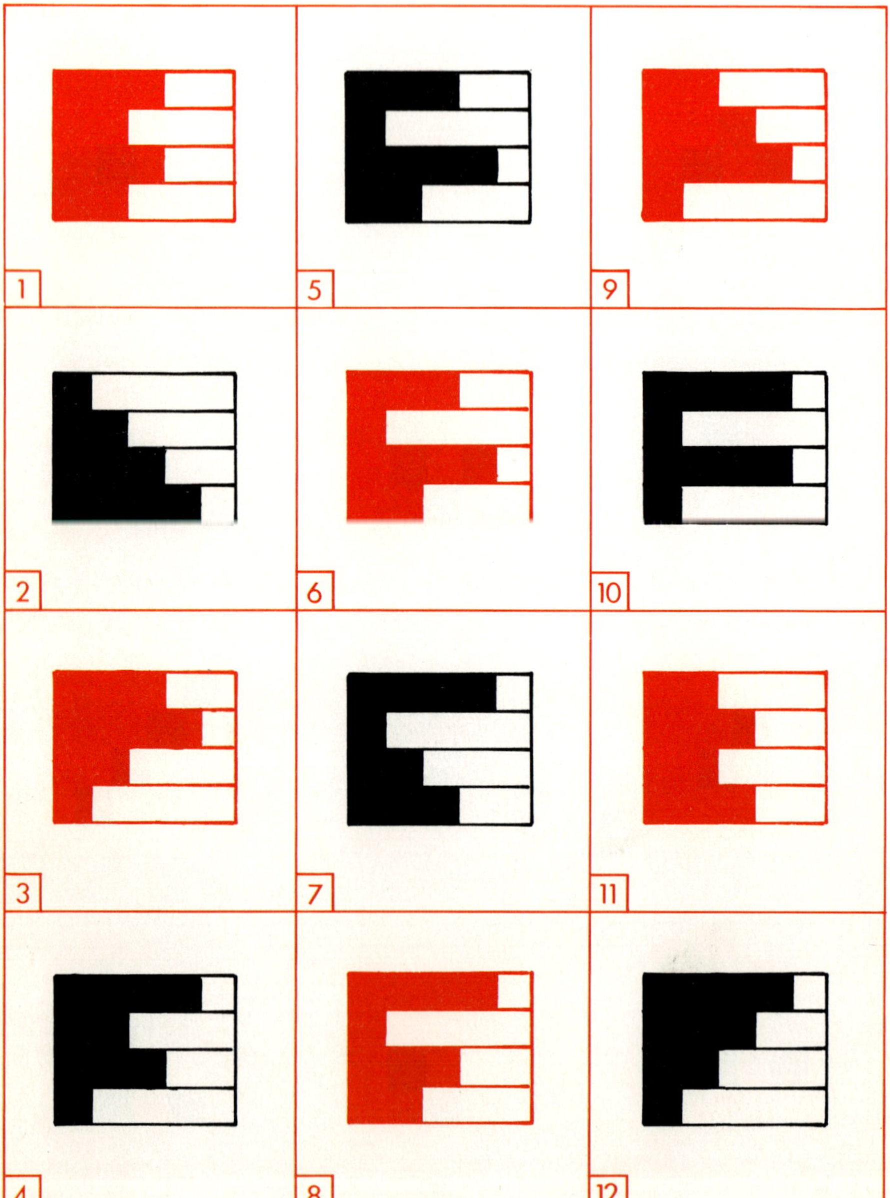